FEMMES DE LUMIÈRE

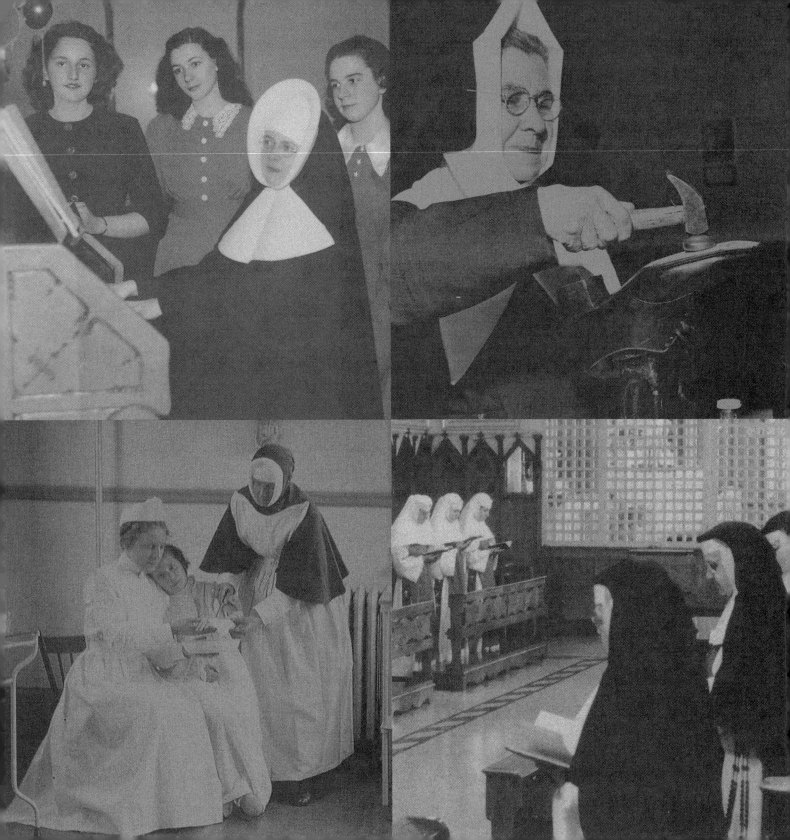

ANNE-MARIE SICOTTE

FEMMES DE LUMIÈRE

Les religieuses québécoises avant la Révolution tranquille

FIDES

De la même auteure

ÉTUDE HISTORIQUE

Quartiers ouvriers d'autrefois, Québec, Les Publications du Québec, collection «Aux limites de la mémoire», 2004.
De la vapeur au vélo. Le guide du canal de Lachine, Association les Mil Lieues et Parcs Canada, 1986.

BIOGRAPHIE

Marie Gérin-Lajoie. Conquérante de la liberté, Montréal, Remue-Ménage, 2005.
Gratien Gélinas. La ferveur et le doute, Montréal, Québec-Amérique, 1995 (tome 1) et 1996 (tome 2).

RÉCIT BIOGRAPHIQUE

Justine Lacoste-Beaubien. Au secours des enfants malades, Montréal, XYZ, collection «Les Grandes Figures», 2002.
Gratien Gélinas. Du naïf Fridolin à l'ombrageux Tit-Coq, Montréal, XYZ, collection «Les Grandes Figures», 2001.

ROMAN

Les accoucheuses. La fierté (tome 1), Montréal, VLB, 2006.
Les amours fragiles, Montréal, Libre Expression, 2003.

NOUVELLE

Circonstances particulières (en collaboration), Québec, L'Instant même, 1998.

ROMAN JEUNESSE

Le lutin dans la pomme, Laval, Trois, 2004.

Catalogage avant publication de Bibliothèque et Archives Canada

Sicotte, Anne-Marie, 1962-
Femmes de lumière : les religieuses québécoises avant la Révolution tranquille
ISBN 978-2-7621-2695-2

1. Religieuses - Québec (Province) - Histoire.   2. Monachisme et ordres religieux féminins - Québec (Province)
- Histoire.   3. Religieuses - Québec (Province) - Histoire - Ouvrages illustrés.   I. Titre.

BX4220.C2S48 2007   271'.900714   C2007-940082-5

Dépôt légal : 1ᵉʳ trimestre 2007
Bibliothèque et Archives nationales du Québec
© Éditions Fides, 2007

Les Éditions Fides reconnaissent l'aide financière du Gouvernement du Canada par l'entremise du Programme
d'aide au développement de l'industrie de l'édition (PADIÉ) pour leurs activités d'édition. Les Éditions Fides
remercient de leur soutien financier le Conseil des Arts du Canada et la Société de développement des
entreprises culturelles du Québec (SODEC). Les Éditions Fides bénéficient du Programme de crédit d'impôt
pour l'édition de livres du Gouvernement du Québec, géré par la SODEC.

IMPRIMÉ AU CANADA EN FÉVRIER 2007

Table

Préambule

MYSTÉRIEUSES FEMMES en longues robes austères… Au cours de mes recherches, les observant attentivement sur des photographies anciennes, je m'étonnais sans cesse de la façon dont leur vêtement les emprisonnait. Ainsi recouvertes des pieds à la tête, leurs formes féminines totalement niées au profit de leur identité de religieuse, ne se sentaient-elles pas enfermées, contrôlées, humiliées? Quelle force supérieure réussissait donc à leur faire accepter une existence qui, à l'image de cet habit contraignant, semblait leur retirer toute liberté?

Si encore ce phénomène avait été marginal, réservé à un petit nombre d'exaltées! La foi seule est impuissante à expliquer pourquoi au Canada français elles ont été si nombreuses à prendre le voile. En 1961, on comptait plus de 45 000 religieuses, réparties dans plus d'une centaine de communautés. Si certaines consacraient leur vie à la prière et à la contemplation, l'immense majorité d'entre elles avaient choisi de demeurer «dans le monde» et de se jeter corps et âme dans une œuvre essentielle, celle d'améliorer le bien-être collectif, qui exigeait de leur part autant d'abnégation que d'empathie pour son prochain.

Salle commune du couvent de Notre-Dame-de-Lourdes, au début du 20ᵉ siècle. PFSJ.

En un siècle et demi, les «bonnes sœurs» ont bâti un immense réseau de services sociaux, instruisant les enfants, soignant les malades, prenant en charge handicapés et personnes âgées, filles-mères et itinérants... Elles ont créé, développé et soutenu des centaines d'œuvres où les laïcs n'ont joué qu'un rôle d'appoint. Même les moniales répondaient à d'innombrables demandes de prières et assumaient, en quelque sorte, un rôle «d'écoutantes».

Un tel bilan ne saurait mentir : ce serait nier leur intelligence, leur sensibilité et la force de leur énergie vitale que de croire que tant de femmes se sont littéralement laissé enterrer vivantes. En dépit des apparences, si la vie religieuse fut occasionnellement synonyme d'une foi exacerbée ou d'une fuite du monde réel, elle fut surtout un rendez-vous avec une existence remplie et exaltante.

Depuis la Révolution tranquille, ce monde d'une ampleur insoupçonnée a été recouvert par la poussière de l'oubli. En ce début de 21ᵉ siècle où un vaste éventail de choix s'ouvre à chacune, la prolifération des vocations religieuses est bien sûr inconcevable. Mais il suffit de remonter un demi-siècle en arrière pour constater à quel point la société était radicalement différente.

Si devenir religieuse signifiait alors répondre à un appel, cela voulait aussi dire refuser l'étroit chemin tracé d'avance, celui conduisant les femmes à prendre mari et à donner naissance à de nombreux enfants. Restreintes dans leur liberté d'action et de pensée par une société misogyne et ultracatholique,

Trois moniales aux pieds
d'un Christ en croix. APS.

les femmes pouvaient difficilement refuser le destin de mère à la maison qui leur était assigné par la nature et par la volonté divine – voilà du moins ce que le clergé souhaitait leur faire croire.

Seul un « motif supérieur » pouvait les retirer de leurs foyers, soit celui de suivre le Christ et de servir son prochain en devenant religieuses. La vie religieuse était de loin le choix de vie le plus valorisé socialement. La maternité était certes louée avec insistance, mais la vie de femme mariée était quasiment un pis-aller et celle de célibataire, comme on peut facilement l'imaginer, occupait l'échelon le plus bas…

Les communautés ont joué un rôle social de premier plan. Dans une société où l'existence des femmes comportait une grande part d'incertitude et de dépendance, elles ont apporté à leurs membres une confortable sécurité, leur assurant le gîte et le couvert jusqu'à la fin de leurs jours. Elles ont ensuite permis à quantité de femmes de laisser libre cours à leur créativité et à leur dynamisme, et elles en ont fait profiter la société québécoise tout entière.

Religieuses et famille amérindienne à Fort Providence, Territoires du Nord-Ouest. ASGM, LO25/Y1OA.

Ainsi replacée dans son contexte historique, l'attrait de la vie religieuse acquiert une tout autre dimension. En se consacrant au service de Dieu, les religieuses ont bénéficié d'un espace élargi pour s'épanouir personnellement et professionnellement. Mais toute médaille a son revers. L'idéal de sainteté exigé des religieuses ne convenait certainement pas à la majorité d'entre elles. Au lieu de constituer l'exception, l'ascèse religieuse est presque devenue la norme, ou du moins, un modèle convenant au plus grand nombre.

Il reste encore énormément de recherches à faire pour documenter la vie quotidienne des religieuses, avec son lot de joies et de tourments. Trop longtemps, la pudeur a interdit les confidences… Pourtant, comment comprendre le Québec d'alors sans ces précieux témoignages ? Mais déjà, le magnifique pèlerinage visuel auquel vous êtes conviés permet de soulever un coin du voile et de brosser un portrait qui colle d'assez près à une réalité beaucoup plus complexe et saisissante que certains discours des cinquante dernières années ont voulu nous le faire croire.

Par ce livre, je souhaite également rendre hommage à toutes ces femmes dévouées et courageuses dont l'importance sociale a été niée pendant la nécessaire laïcisation de la société québécoise. Observées, grâce aux photographies anciennes, dans leurs activités quotidiennes ou extraordinaires, les religieuses commencent à reprendre leur place légitime dans l'histoire. Un monde d'une étonnante richesse s'offre aux regards, un monde qui, loin de retirer à ces femmes leur capacité d'action, les a plongées dans le tourbillon de la vie. ▪

Slocan City,
Colombie-Britannique,
au début des années 1940.
ACSASV.

PREMIÈRE PARTIE

PASSIONS ET RENONCEMENTS

La vie quotidienne des religieuses, que la première moitié du livre documente, semble au premier abord d'une familiarité déconcertante par la répétition de gestes quotidiens et séculaires. Comme toutes les femmes d'alors, les religieuses se consacrent aux tâches ménagères et à la préparation des repas, aux travaux d'entretien et de production agricole, tout en s'offrant quelques moments de détente et d'amusement.

À la fois exigeante et valorisante, la vie en communauté propulse les femmes dans un monde qui exige un grand esprit de renoncement. Les communautés fonctionnent selon des règles strictes de vie en commun et de partage du travail. De plus, le complexe conventuel, c'est-à-dire le terrain plus ou moins vaste comprenant le couvent ou le monastère et ses dépendances, le jardin d'agrément et le potager, est généralement un lieu fermé aux intrusions du monde extérieur.

De la visite de l'évêque aux fêtes soulignant les anniversaires d'entrée en religion, des moments de prière aux départs pour les missions, les religieuses font de leur foi le centre de leur vie. Au détour de chaque page, une particularité ne tarde pas à frapper l'œil : ce don d'elles-mêmes, cette sublimation de leurs propres besoins dans une spiritualité tendue vers la perfection et la vie éternelle, transparaissent de manière éloquente sur tous les clichés.

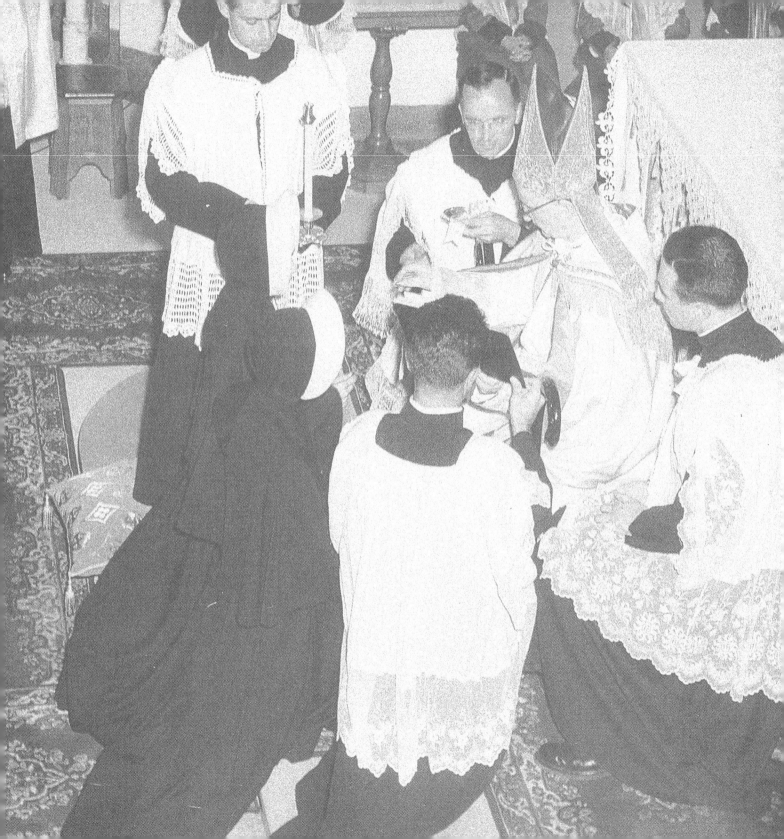

PRENDRE LE VOILE

Les femmes sont nombreuses à se couler plutôt aisément dans la peau d'une religieuse, encouragées comme elles le sont depuis leur tendre enfance à accorder à Dieu et aux pratiques de piété une place prépondérante dans leur vie, et nourries par un catéchisme leur insufflant la peur de l'enfer par l'accumulation de péchés, dont le pire est sans doute celui de la chair. Par ailleurs, les plus douées d'entre elles ont compris très tôt que seule cette vie leur offrait la possibilité d'acquérir des connaissances et des savoirs dans tous les domaines. Cette vie privilégiée et unanimement valorisée nourrit alors les rêves secrets d'une majorité de jeunes filles...

À bien des égards, on entre en religion comme on se marie : dans les deux cas, on choisit pour la vie une destinée qui comporte bien des inconnues. Par contre, si l'on peut « essayer » la vie religieuse avant de l'adopter, le choix d'un époux est presque irrévocable… Dès que la jeune fille révèle son désir de se faire religieuse, elle s'attire un respect accru de la part de ses proches. Auréolées d'un certain mystère, les jeunes candidates à la vie en communauté sacrifient leur individualité pour se consacrer entièrement à l'idéal de transformer l'humanité grâce à la parole de Dieu.

Une postulante en compagnie de sa famille, 1926. AINDBC.

Postulantes d'une mission de Lowell (Massachusetts) occupées à confectionner leurs futures robes de religieuses, 1945. ACSASV.

Repas d'adieu avant l'entrée en communauté en compagnie de Paul-Émile Léger
alors vicaire général à la cathédrale de Valleyfield. ASNJM.

ntrée au couvent avec le statut de postulante, la jeune fille participe à toutes les tâches quotidiennes et s'initie à la vie en communauté. Si son désir de vie religieuse persiste, elle entre ensuite au noviciat, selon un rite de passage défini par chaque communauté. Au Carmel, par exemple, telle une jeune épouse, l'aspirante se couvre d'un voile blanc. Au terme de la cérémonie chargée symboliquement, elle revêt l'habit qui témoigne de son statut de novice par la couleur de la robe, la forme du voile ou par quelques détails de confection.

Quelques heures séparent ces deux clichés de Rita Brunet, dans la cour intérieure du Carmel de Montréal, 1939. ANQM.

Cérémonie religieuse de la prise d'habit à la maison mère, 1949. PFSJ.

Les aspirantes ont le choix entre un vaste éventail de communautés qui possèdent non seulement leur costume propre, mais une spiritualité et des coutumes particulières. Certaines, vouées à la prière et à la méditation, sont appelées contemplatives, tandis que la majorité sont dites de vie active, se livrant à de multiples formes d'apostolat «dans le monde», parmi la population laïque. Pendant son noviciat, d'une période d'environ deux ans, la novice effectue des études doctrinales sous l'autorité d'une maîtresse, tout en se questionnant sur la force de sa vocation personnelle.

Entrée du noviciat chez les Religieuses hospitalières de Saint-Joseph, avant 1909. PFSJ.

Classe du noviciat chez les moniales. APS.

PAGE SUIVANTE

Moment d'apprentissage au noviciat. APS.

Au terme de cette initiation à la vie en communauté que constitue le noviciat, la jeune religieuse prononce des vœux qu'elle renouvelle publiquement pendant une période de quelques années. Ainsi, une longue période s'écoule entre le moment de l'entrée au noviciat et celui de l'engagement définitif en communauté. Enfin, advient le grand moment de la cérémonie religieuse où les professes prononcent des vœux perpétuels, devenant alors membres à part entière de la communauté.

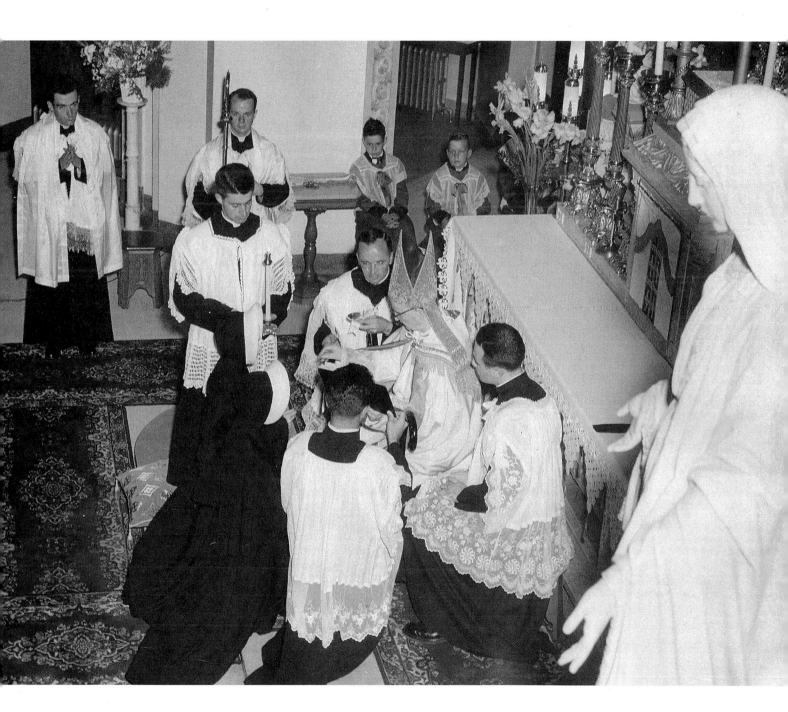

Religieuses au jour le jour

Les complexes conventuels sont de véritables ruches où chacune
est à l'ouvrage du matin au soir. Comme les rouages bien huilés
d'une mécanique complexe, le travail est morcelé en tâches précises,
de plus en plus spécialisées à mesure que la communauté grandit.
À la fois véritables entreprises de services et villages en miniature,
les communautés religieuses ont des tailles variables, modestes
pour les contemplatives mais parfois immenses pour les religieuses
enseignantes ou soignantes. De la plus humble des buandières
jusqu'à la supérieure générale, chacune s'affaire selon les besoins
de la collectivité, et les goûts personnels doivent parfois être sacrifiés
au bien-être collectif.

Comme dans la plupart des foyers canadiens-français, la cuisine des couvents est un lieu central où l'activité ne s'arrête pratiquement jamais. Les plus grandes communautés y emploient parfois un personnel laïque tandis que les autres y affectent uniquement leurs propres ressources.

Cuisine de la maison mère avant 1946. ASGM.

Préparation des légumes par les novices dans la cour de la maison mère, 1943. AINDBC.

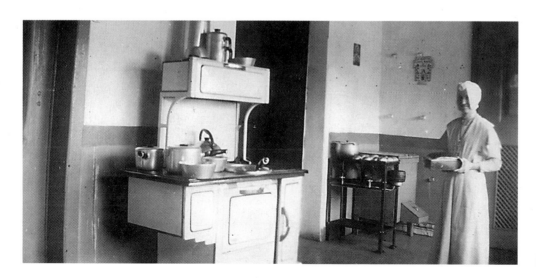

Petite cuisine d'une mission brésilienne. ASGM.

La plupart des communautés, surtout les plus vastes, sont hiérarchisées. Les professes les plus intelligentes et les plus instruites en forment la classe dirigeante, tandis que les sœurs converses s'adonnent au travail général d'entretien, aux tâches ménagères et au travail des champs.

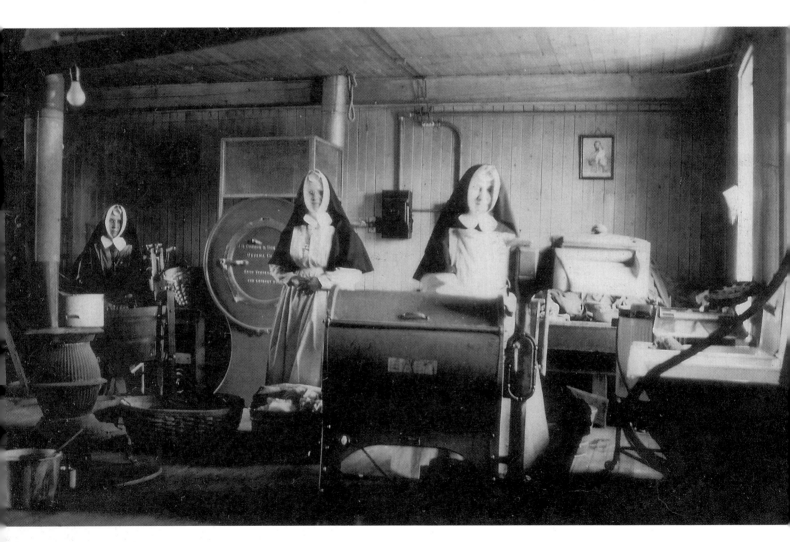

Lavoir d'une mission de l'Ouest canadien. PFSJ.

Qu'elle soit pourvue de machines rudimentaires ou plus modernes, la buanderie exige de ses ouvrières un fastidieux travail, 1951. APS.

La couture mobilise un grand nombre d'heures, que ce soit pour répondre aux besoins de la communauté, pour entretenir la lingerie d'église ou pour réparer les vêtements qui seront ensuite distribués aux plus démunis. PFSJ.

Leurs robes longues et encombrantes n'empêchent pas les religieuses, tant s'en faut, de s'adonner au travail agricole. Beaucoup d'entre elles ont grandi à la campagne et déploient de réels talents de fermières. Qu'il s'agisse d'entretenir le petit potager de la communauté ou de prendre soin des poules, toutes ces tâches reviennent généralement aux membres de la communauté.

Le soin des poules, après 1950. APS.

Le tri des patates. APS.

Les fruits du potager
de la mission de Slocan City,
Colombie-Britannique. ACSASV.

Certaines communautés parmi les plus imposantes, comme les Sœurs Grises, possèdent de vastes fermes pour s'approvisionner et pour constituer une source de financement. Certaines religieuses douées pour l'agronomie sont donc certaines d'y trouver un débouché pour leurs talents, contrairement au monde laïque où ce métier est strictement réservé aux hommes.

La récolte du miel à Châteauguay. ASGM.

Religieuse à l'oignon. ASGM.

Dans un champ, ferme Saint-Charles, Côte-de-Liesse. ASGM.

Travail ardu dans le champ de pommes de terre à Châteauguay. ASGM.

Dans cet univers uniquement féminin, les religieuses n'ont que faire de la division arbitraire des tâches définie par les règles sociales. Bien entendu, elles engagent parfois des hommes pour les gros travaux ou les ouvrages spécialisés, mais dans bien des situations essentielles à la bonne marche de la communauté, nécessité fait loi.

Incinération de papiers, chaque matin, dans un couvent aux États-Unis, 1945. ACSASV.

Chasse aux rats dans la mission japonaise d'Aomori. ACSASV.

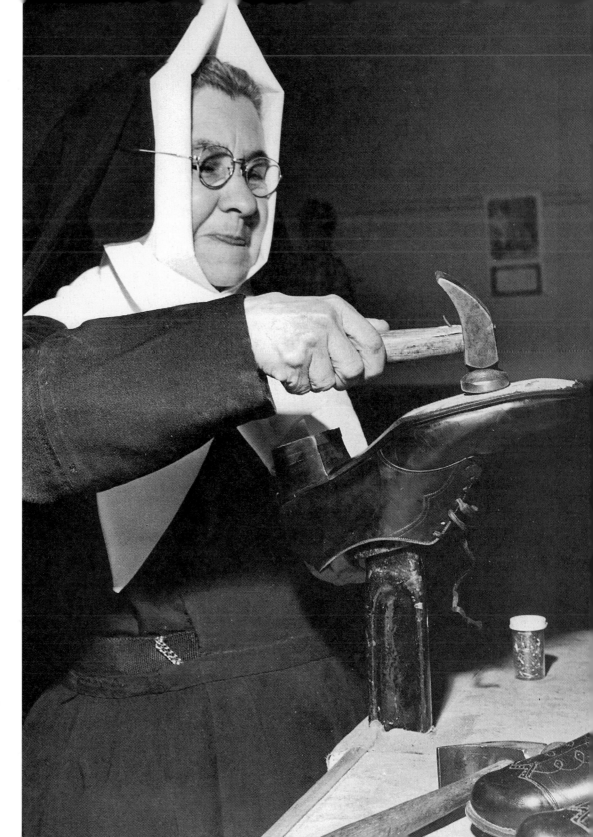

Réparation
des souliers
de la communauté.
ACND.

éputées pour leur adresse, les religieuses se préoccupent d'offrir à la communauté laïque des œuvres d'art et des produits variés d'artisanat, recherchés pour l'ornementation des lieux saints et des nombreuses célébrations liturgiques dont le calendrier est pourvu. D'autres communautés, comme certaines sœurs cloîtrées, se consacrent à des travaux moins créatifs mais tout aussi lucratifs et qui s'inscrivent dans le sens de leur engagement religieux.

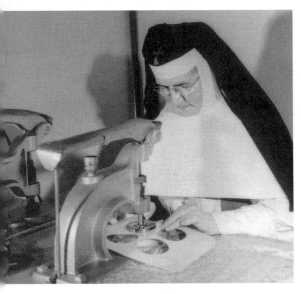

Une étape dans la fabrication des hosties. APS.

CI-CONTRE

Peintre devant
sa toile. APS.

Ornementation des poupées pour les crèches de Noël. APS.

Le cœur de la vie conventuelle consistant à honorer et à vivre au quotidien la parole de Dieu, plusieurs périodes sont quotidiennement dévolues à la prière. De l'aube au crépuscule, diverses brèves cérémonies réunissent dans la chapelle l'ensemble de la communauté. De plus, chacune a le loisir de s'adonner à des oraisons individuelles soit dans sa cellule, soit aux endroits intérieurs ou extérieurs expressément conçus à cet effet.

Oraison devant une grotte aménagée à la campagne, à Châteauguay. ASGM.

Prière devant le lieu saint
consacré à Marguerite
Bourgeoys dans la maison
mère de la communauté.
ACND.

Moment de prière dans le boisé
d'un camp de vacances. AINDBC.

Au sein des communautés contemplatives, les religieuses consacrent plusieurs heures par jour à la prière, faisant de ce dialogue avec le divin le cœur de leur engagement. La chapelle est alors divisée en deux parties : l'une pour le public et l'autre pour les moniales qui ont chacune leur stalle. Lorsque la majorité des sœurs vaquent à d'autres occupations, elles se relaient pour qu'à toute heure l'une d'entre elles soit toujours dans la chapelle, en adoration.

Sœur en adoration. APS.

Grille qui sépare le chœur des moniales de la chapelle, Nicolet, 1957. APS.

Moniales dans le chœur du monastère de Saint-Hyacinthe. APS.

Pour fonctionner sans heurt, cette véritable entreprise de services qu'est une communauté religieuse est dirigée par un conseil d'administration élu par les membres de la communauté, qui prend le nom de conseil général ou provincial. Il est formé par la supérieure générale, la secrétaire, l'économe et quelques conseillères. Il a un pouvoir de décision sur les grandes orientations et sur toutes les questions relatives à la vie de la congrégation et aux ressources humaines et financières.

Le secrétariat de la propagande, où les sœurs cloîtrées effectuent la correspondance et répondent aux demandes de prière. APS.

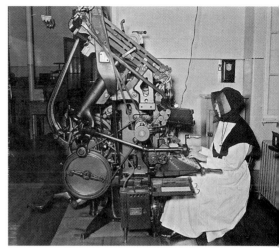

Les tâches de secrétariat sont nombreuses dans les grandes communautés. ASGM.

Mère supérieure de l'hôpital de Saint-Jean-de-Dieu, 1909. ASP.

Le conseil local de l'hôpital du Sacré-Cœur de Hull. ASP.

JARDINS ET COUVENTS

Grands jardins à la française et vastes potagers bien aménagés,

cimetières silencieux et espaces clôturés pour les animaux,

les complexes conventuels regroupaient tout cela et plus encore.

Ces endroits paisibles et discrets, ceints par de hautes clôtures

dans le cas des communautés contemplatives, gardaient une part

de mystère... Chose certaine, pour se consacrer efficacement

à leur idéal de charité, les religieuses ont privilégié un mode de vie

communautaire original où l'enrichissement personnel était

proscrit et où chacune vivait selon des valeurs de frugalité

et de simplicité.

Qu'elles soient fondées par quelques Canadiennes françaises déterminées ou par une communauté européenne existante, les jeunes communautés du pays sont d'abord de modestes établissements où les sœurs vivent, à leurs débuts, très pauvrement. Si la prospérité subséquente signifie des installations mieux aménagées et une meilleure qualité de vie, elle signifie également, puisque les besoins sont immenses, la fondation presque immédiate de missions.

PAGE PRÉCÉDENTE
Le monastère de Nicolet
en 1896, comprenant chapelle
et sanctuaire, infirmerie, phar-
macie, parloirs, cellules... et
devant lequel posent voisins
et jeunes pensionnaires. APS.

CI-CONTRE
Couvent de Fort-Providence,
Territoires du Nord-Ouest. ASGM.

CI-DESSOUS
Couvent de Nicolet, 1872.
ACSASV.

Certaines communautés parmi les plus anciennes, comme la Congrégation de Notre-Dame ou les Sœurs Grises, ont déjà pris au début du 20ᵉ siècle une forte expansion. Leurs maisons mères, où loge l'administration générale de la communauté, est un imposant complexe conventuel, offrant à ses membres mais également au voisinage laïque l'utilisation d'une chapelle somptueusement décorée.

Maison mère de Montréal au début du 20ᵉ siècle. ASGM.

Villa Maria, maison mère de la Congrégation de Notre-Dame, avant l'incendie de 1893. AVM.

La vie spirituelle est alors favorisée par une grande harmonie des formes architecturales et le style gothique est une source d'inspiration lors de la construction de nombreux édifices. Si les religieuses effectuent un travail charitable constant auprès de la population civile, c'est dans le but premier de sauver les âmes.

Le préau du monastère des Carmélites à Montréal. ANQM.

Le déambulatoire du monastère des Adoratrices du Précieux-Sang, à Rome. APS.

Le jardin du cloître des Hospitalières de Saint-Joseph, à Montréal, où une porte en ogive se distingue dans le lointain, avant 1909. PFSJ.

Même si les moniales sont soumises à une interdiction formelle de contact avec «le monde», sauf dans le cadre de leur travail ou pour un événement exceptionnel, elles ont accès à un domaine, plus ou moins vaste selon la richesse de la communauté. Elles s'y promènent et s'y détendent, en plus d'y faire, pendant la belle saison, lectures et travaux d'aiguille, prières et méditations…

Moniales au jardin. APS.

Procession des moniales dans les jardins du monastère de Lévis, près de Québec, 1955. APS.

Un coin du jardin du Carmel de Montréal. ANQM.

Un espace important de la propriété de la communauté est réservé au travail agricole. Pour les religieuses, l'autosuffisance maraîchère ne constitue pas un luxe, mais une nécessité ; aucune institution religieuse ne peut se passer d'un immense potager, parfois entretenu par des employés mais souvent par les religieuses elles-mêmes.

CI-DESSOUS

Jardins des Adoratrices du Précieux-Sang, à Nicolet, 1905. APS.

Ferme Saint-Charles, Côte-de-Liesse, 1930. ASGM.   Potager du Carmel de Montréal. ANQM.

À l'extrémité des jardins, un lieu sacré reçoit les dépouilles des sœurs défuntes. Le cimetière devient un lieu privilégié de prière, non seulement lors des cérémonies d'enterrement mais à diverses occasions, lorsqu'une religieuse, par exemple, ressent le besoin de fortifier sa résolution sur la tombe de religieuses marquantes, telles que les fondatrices.

Cimetière du monastère de Nicolet, 1916. APS.

Enterrement d'une religieuse, Nicolet. ACSASV.

Sœur Marie Saint-Jean-Baptiste prie sur la tombe de la mère fondatrice avant son départ pour Lévis. APS.

Une vie en commun

Jour après jour, les religieuses vivent selon un mode de vie communautaire dont les lieux physiques témoignent éloquemment. Comme espace privé, chacune dispose d'une chambrette sobrement meublée. Chose certaine, ces lieux de vie sont à l'image de leurs occupantes, qui s'obligent à devenir indifférentes aux biens de ce monde. Règle générale, ces femmes n'accumulent pas de possessions personnelles, et même leur salaire, le cas échéant, est versé à l'ensemble de la communauté. Selon la religion catholique, la vie éternelle commence à la naissance et le passage sur terre n'est qu'un exil.

Le parloir a longtemps été l'unique lieu de contact entre les religieuses et leurs proches qui leur rendent visite selon un horaire établi d'avance. Chacun des couvents et des collèges de la province est doté de cette pièce, souvent le seul lien des religieuses avec le monde extérieur. Dans les monastères, les sœurs cloîtrées, interdites de contacts physiques, sont séparées de leurs visiteurs par une grille.

Parloir des religieuses de la maison mère des Sœurs Grises, aile Saint-Matthieu, Montréal. ASGM.

Parloir du monastère des Hospitalières de Saint-Joseph, côté public, avant 1909. PFSJ.

Même si toutes les religieuses du monde chrétien doivent adopter un mode de vie semblable, leurs conditions d'existence sont fort variées selon qu'elles logent à l'étage d'un couvent bâti en plein village ou dans l'une des immenses maisons mères. Souvent, le soir, elles se réunissent dans la salle commune où, tout en devisant avec leurs compagnes, elles occupent leurs mains et leur esprit à quelque tâche utile ou à de pieuses lectures.

Salle commune de l'Institut Notre-Dame du Bon-Conseil de Montréal, 1930. AINDBC.

Salle commune de la maison mère de la Congrégation de Notre-Dame, fin 19ᵉ siècle. ACND.

PAGE SUIVANTE
Salle commune des Petites Filles de Saint-Joseph, à Richelieu. PFSJ.

Autre lieu où règne une certaine convivialité, le réfectoire réunit les religieuses au moment des repas. S'il s'apparente davantage, dans le cas de communautés de petite taille, à une modeste salle à manger, il devient plus formellement organisé à mesure que la communauté grandit. Le silence est généralement de mise et, tour à tour, des religieuses y font à voix haute des lectures édifiantes.

Réfectoire d'une mission de l'Ouest canadien. PFSJ.

Réfectoire du couvent de Fukuoka, au Japon, 1951. PFSJ.

Réfectoire où une moniale fait la lecture. APS.

Dans les communautés les plus nombreuses où règne une stricte division du travail, le réfectoire prend l'allure d'une vaste cafétéria au décor marqué du sceau de l'austérité et du décorum. Peu portées, à cause de leur détachement des choses matérielles, aux excès alimentaires, les religieuses se contentent de repas frugaux, sauf les jours de fête.

CI-CONTRE
Réfectoire du monastère des Hospitalières de Saint-Joseph, avant 1909. PFSJ.

CI-DESSUS
Réfectoire, maison mère des Sœurs de la Providence, 1962. ASP.

Les chambres, appelées cellules, sont le seul espace personnel des couvents. Ces petites pièces aux murs nus sont meublées de façon modeste. Lorsque les religieuses sont en mission, elles n'hésitent pas, pour plus de commodité, à adopter les coutumes locales.

PAGE PRÉCÉDENTE
Ce long corridor, dont le plancher de bois bien ciré devait craquer à chaque pas, mène aux cellules des moniales de Sherbrooke. APS.

Chambre à coucher à Alcantara, Brésil. ASGM.

Cellule de la supérieure du couvent de Lac-Mégantic. ACND.

Cellule d'une moniale de Nicolet, 1909. APS.

Un complexe conventuel n'en serait pas un sans la chapelle, maison sainte, temple et demeure du Tout-Puissant. Se résumant au début à une petite pièce meublée de quelques bancs, la chapelle acquiert de la magnificence dès que la communauté en a les moyens. Les religieuses s'y rassemblent pour rendre hommage à Dieu, pour se fortifier dans leurs désirs de sainteté et pour méditer sur les mystères de l'amour divin.

Chapelle de la mission de Fort-Providence, Territoires du Nord-Ouest. ASGM.

Chapelle de la maison mère de la Congrégation de Notre-Dame dans les années 1940. ACND.

Pique-niques
et parties de croquet

Industrieuses comme des abeilles, se préoccupant constamment

du salut de leurs âmes, les religieuses donnent l'impression d'être

des personnes éminemment sérieuses et dignes. Pourtant, sur les

photographies anciennes, elles affichent des sourires et des regards

amusés qui prouvent le contraire. Justement, sans doute, parce que

leur vie comporte un travail de tous les instants et parce qu'elles

sont tendues vers l'objectif obsédant de la vie éternelle,

elles doivent se ménager de nécessaires moments de détente.

Lorsqu'elles en ont l'occasion, ces femmes savent s'amuser! Malgré un emploi du temps fort chargé, les religieuses s'octroient néanmoins, ponctuellement, quelques moments de loisirs.

Retour de promenade au jardin du monastère de Nicolet, 1922. APS.

Récréation dans le jardin de la communauté, 1934. AINDBC.

Court moment d'oisiveté au jardin de la mission de St. Albert, dans l'Ouest canadien. PFSJ.

Pique-nique à Sainte-Adèle, 1938. AINDBC

Si l'on en juge par le nombre de photos représentant cette activité, les pique-niques sont alors fort populaires. Ils ont souvent lieu dans les jardins du couvent ou sur un site pittoresque à proximité. Parfois, la communauté se permet un court séjour dans un lieu de villégiature. Les pique-niques regroupent le plus souvent la communauté seule, mais ils soulignent parfois un anniversaire et s'ouvrent alors à la population laïque.

Moniales en pique-nique. APS.

PAGE SUIVANTE
Les « bonnes sœurs » se détendent en participant à des jeux de société. PFSJ.

Quelles images étonnantes que celles de ces religieuses, dans leur costume austère, en train de «lâcher leur fou» en jouant au croquet, au baseball ou en s'élançant sur la patinoire !

Croquet, 1958. APS.

Partie de balle-molle pendant la récréation à Santa Cruz, à Cuba. AINDBC.

Sœurs en patins, hôpital Saint-Joseph du Précieux-Sang, Rivière-du-Loup. ASP.

P lusieurs communautés disposent d'une maison de repos ou d'un chalet pour les vacances ou les convalescences de leurs membres. Dans le cas des communautés les plus anciennes et les plus prospères, ce sont de véritables domaines embellis par des arbres majestueux.

Feu de camp sur la plage de Châteauguay. ASGM.

Domaine des Sœurs Grises à Châteauguay. ASGM.

Maison de repos du boulevard Gouin, à Montréal. AINDBC.

Chalet pour le repos des sœurs à La Tuque. ASGM.

Même si, là encore, les religieuses doivent s'attaquer à un travail ardu, l'époque des récoltes signifie un contact avec la nature fort apprécié par ces femmes qui, pour la plupart, sont absorbées le reste de l'année par des occupations plus sédentaires.

Vendanges à Châteauguay. ASGM.

PAGE PRÉCÉDENTE
Cueillette des pommes à Châteauguay. ASGM.

Une histoire mouvementée

De la fondation de la communauté par quelques femmes qui s'installent dans une petite maison, jusqu'à l'établissement de diverses communautés satellites dans des régions éloignées, ces moments extraordinaires sont dignes d'être soulignés dans l'histoire des communautés et de leurs membres. De même, dans la longue vie active d'une religieuse, quelques dates anniversaires donnent lieu à des célébrations spéciales qui méritent d'être dûment notées dans les annales de la communauté.

La principale richesse des communautés est constituée de leurs propriétés foncières. Dans les débuts, leurs possessions sont fort modestes, et souvent, les terrains et les bâtiments leur sont cédés à des conditions très avantageuses par des mécènes ou par le diocèse. L'acquisition et la rénovation du premier couvent constituent l'un des moments forts de l'histoire d'une communauté, de même que les incendies funestes, malheureusement fréquents jusqu'au milieu du 20e siècle, qui obligent souvent à reconstruire à neuf.

Incendie du couvent-école de Dupuy, en Abitibi, en 1928. ACSASV.

Tannerie acquise par la communauté pour être ultérieurement transformée en couvent, vers 1875, à Princeville. ACSASV.

Incendie du couvent de Joliette, 1935. ACND.

arfois, lorsque toute la communauté déménage d'un bâtiment à un autre, la paroisse entière participe à la cérémonie de la translation. Immanquablement, le nouvel édifice est béni par d'éminents membres du clergé. Parfois encore, ce n'est qu'un seul membre de la communauté qui se déracine, mais malgré la liesse apparente, ces exils exigent des religieuses une âme bien trempée et un grand esprit de renoncement.

Bénédiction de la pierre angulaire de l'École normale de Nicolet, 1917. ACSASV.

Départ de sœur Rita Brunet, carmélite, pour Québec. ANQM.

Cérémonie de la translation à Nicolet. APS.

Si les couples mariés soulignent les anniversaires de leur union, les religieuses célèbrent les jalons de leur union avec Dieu, comme elles marquent les fêtes des saints ou des saintes dont elles ont adopté le nom. Même si elles ont renoncé à la vie profane, les religieuses profitent des fêtes du calendrier liturgique pour festoyer. La visite d'un dignitaire épiscopal, surtout lorsqu'il s'agit d'un bienfaiteur de la communauté, est également entourée d'un certain faste.

Anniversaire de la profession temporaire de mère Marie Gérin-Lajoie, 1939. AINDBC.

Fête de la Sainte-Catherine, célébrée au Brésil par les religieuses de deux communautés réunies pour l'occasion. ACSASV.

Réveillon de Noël 1959, à Saint-Jérôme. AINDBC.

Fête patronale de mère Saint-François-de-Sales. APS.

Visite du cardinal Antoniotti en 1954, à Prince-Albert, dans l'Ouest canadien. APS.

es jubilés d'or (cinquantenaire de vie religieuse) sont fêtés de manière particulièrement éclatante, soulignant la vie méritante de ces femmes qui ont consacré leur vie à la contemplation ou à des œuvres sociales d'une incroyable diversité, tissant parmi la population québécoise une toile dense de réseaux d'entraide. Tant que leurs forces le leur permettent, elles continuent à être actives, glissant doucement vers la retraite seulement lorsque leur santé devient trop fragile.

Visite des membres de la famille lors du jubilé d'or de mère Aurélie-de-Jésus. APS.

« Couronnement » de la jubilaire par le cardinal
Marella, Rome, 1964. APS.

Église de Saint-Hyacinthe décorée lors du jubilé
de la fondatrice, 1911. APS.

Les voyages d'agrément ne font que très rarement partie du quotidien d'une religieuse, sauf pour de courtes vacances. Cependant, les déplacements « d'affaires » sont plus fréquents, comme dans le cadre des missions étrangères. De même, il est parfois nécessaire d'aller acquérir une formation utile à sa fonction. Des événements exceptionnels, qui ont une résonance pour la communauté, invitent également certains membres au voyage.

Deux religieuses des
Sœurs de l'Assomption
de la Sainte-Vierge assis-
tent aux cérémonies
entourant la béatification
de Marguerite Bourgeoys,
où la foule rassemblée
reçoit la bénédiction
papale, Rome, 1950.
ACSASV.

Promulgation par le pape
Pie XII du dogme de
l'Assomption, Rome,
1950. ACSASV.

L'aventure des missions

Embrasser la vie religieuse signifie accepter la possibilité d'un grand déracinement, celui de la fondation de missions en territoires éloignés. Coupées d'abord de leur milieu de vie en prenant le voile, ces femmes acceptent alors un deuxième exil en s'installant, par exemple, en Abitibi, dans les Territoires du Nord-Ouest ou en Amérique du Sud. Les Canadiennes françaises ont ainsi une occasion unique de parcourir le vaste monde et d'apporter des soins et des services de base à des gens qui en ont besoin.

Les communautés religieuses du Québec envoient plusieurs de leurs membres en missions éloignées et certaines communautés sont même fondées expressément dans un but missionnaire. Parfois à plusieurs reprises au cours de leur vie, les sœurs doivent se séparer de leurs compagnes du couvent. Comme elles se rendent généralement dans un territoire encore peu développé, elles s'astreignent à un long et fastidieux voyage, souvent dans des conditions précaires.

Religieuses sur le bateau les conduisant vers le Japon. PFSJ.

Sur le point de monter dans les automobiles en direction de Montréal, des religieuses de Nicolet à la veille de partir pour Aomori (Japon) prennent la pose. ACSASV.

Au moment du départ de la maison mère, les fondatrices de la mission d'Alcantara, au Brésil, 1957. ASGM.

On compte environ 300 religieuses sur le territoire québécois en 1838, réparties dans cinq ou six communautés. Pendant les trente années qui suivent, seize nouvelles communautés sont créées, augmentation notable qui témoigne, entre autres, de la croissance démographique et d'un essor incontesté de l'Église catholique. Pendant la deuxième moitié du 19ᵉ siècle, les communautés mères fondent plusieurs missions, des établissements parfois rudimentaires qui logent les religieuses et servent également de lieu d'accueil (école, hôpital ou refuge).

Dans plusieurs villes moyennes du Québec, les sœurs gèrent le seul hôpital de la ville. Hôpital Saint-Joseph du Précieux-Sang, Rivière-du-Loup. ASP.

Le camp de Taschereau, en Abitibi, où pendant
une dizaine d'années, sœur Bernadette du Rosaire
a fait la classe. ACSASV.

L'école de Dupuy, en Abitibi, 1928. À l'étage, les religieuses
ont leur chambre, leur parloir et la salle de musique. ACSASV.

e plus en plus solidement établies, disposant d'un bassin élargi de religieuses, les communautés se dispersent par la suite dans le reste du pays. Elles sont nombreuses à essaimer d'un océan à l'autre, telles les sœurs enseignantes qui, pendant la Seconde Guerre mondiale, font la classe aux Japonais internés et regroupés dans des villages abandonnés des montagnes Rocheuses, en Colombie-Britannique.

CI-DESSUS
La communauté
de Slocan City et les élèves,
Colombie-Britannique,
1945. ACSASV.

CI-CONTRE
Devant le monastère, à
Edmonton, 1925. APS.

Sœurs cloîtrées devant leur couvent d'Ottawa. APS.

ès l'arrivée des premiers Européens en Amérique, les Amérindiens ont été l'objet d'une attention particulière de la part des communautés religieuses. C'est une société missionnaire française et laïque qui est à l'origine du premier mouvement de colonisation en Nouvelle-France. Beaucoup plus tard, au début du 20e siècle, des prêtres déjà installés dans le Grand Nord canadien, pour y répandre la parole de Dieu aux confins du monde habité, appellent les religieuses en renfort.

Mission de l'Île-à-la-Crosse, Territoires du Nord-Ouest. ASGM.

Soins à domicile à Chesterfield, Territoires du Nord-Ouest. ASGM.

Deux religieuses, une Amérindienne et son enfant à Fort-Providence, Territoires du Nord-Ouest. ASGM.

ette rencontre entre deux modes de vie diamétralement opposés, celui des Canadiens français élevés dans une stricte morale méprisant les choses du corps et celui des populations amérindiennes aux mœurs beaucoup plus libres, provoque un véritable choc des cultures. Au cours du 20ᵉ siècle, la volonté d'évangélisation et d'acculturation qui sous-tend ces missions sera progressivement remise en question.

Magnifique campement amérindien près de la mission d'Hobbema, Territoires du Nord-Ouest. ACSASV.

Religieuses et employées amérindiennes aux cuisines
de la mission d'Hobbema. ACSASV.

Sœur Paulette Fortier et ses chiens
de traîneau. ACSASV.

113

L'Amérique du Sud, où les besoins en services de santé et en éducation sont considérables, constitue un autre lieu favorable à l'installation des communautés du Québec. Répondant aux appels des localités où règne une très grande pauvreté, en accord avec le clergé, les religieuses s'y font ériger de modestes couvents et vivent dans une grande frugalité.

Une rue de Guimaraẽs, Brésil. AINDBC.

Les sœurs de Santa Cruz, à Cuba, accueillent des visiteuses de Montréal. AINDBC.

Lecture en plein air au Brésil. ACSASV.

Entre le Québec et l'Orient, il y a la moitié d'un globe terrestre, distance que plusieurs communautés religieuses n'hésitent pas à franchir malgré les difficultés. Certaines choisiront le Japon ou la Corée ; d'autres migrent vers la Chine, qui deviendra célèbre suite à une vigoureuse campagne publicitaire encourageant la population à parrainer un orphelin chinois et à faire des dons lui assurant les soins de base et l'instruction.

CI-DESSUS

Cuisine sur de petits poêles japonais, 1951. PFSJ.

PAGE SUIVANTE

Arrivée des sœurs au Japon, 1939. APS.

116

Les caisses emballées à Montréal sont livrées au Japon. PFSJ.

DEUXIÈME PARTIE

LES OUVRIÈRES DU SEIGNEUR

Pendant plus d'un siècle, les religieuses québécoises ont consacré l'essentiel de leur temps à un travail exigeant et, pour une bonne part, socialement peu valorisé. Les sœurs cloîtrées mises à part, toutes les autres communautés, de leur propre initiative ou en réponse à une demande du clergé, ont mis sur pied à peu près tout ce que le Québec comptait comme services sociaux. De l'école du village à de vastes complexes hospitaliers, il reste encore, dans le paysage architectural, de nombreux indices de leur industrie.

Les pages qui suivent illustrent de manière éloquente les immenses services rendus avec cœur par les « bonnes sœurs ». Se donnant sans réserve à leur idéal de charité, l'une des vertus chrétiennes par excellence, les religieuses ont pris la place d'un État qui refusait encore de s'engager en ce sens. Certaines d'entre elles sont devenues de véritables directrices de compagnie, à la tête d'un empire comprenant de vastes propriétés foncières, de nombreux bâtiments et une impressionnante force de travail. Plusieurs occupaient des postes alors inaccessibles aux femmes: directrices d'écoles et d'hôpitaux, administratrices ou responsables des ressources humaines.

Il reste que, si les communautés fournissaient aux plus douées des religieuses un espace dans lequel elles pouvaient laisser leurs talents les plus divers s'épanouir, la plupart ont été généralement cantonnées dans des emplois traditionnellement féminins. Misogynie oblige... Les femmes, alors, étaient censées posséder des réserves inépuisables d'empathie pour leur prochain; du moins, voilà le message qui leur était transmis dès l'enfance par le milieu social ambiant.

LA VOCATION DE MAÎTRESSE D'ÉCOLE

Il y a quarante ans encore, les religieuses enseignaient à la majorité des enfants de la province, en plus d'offrir aux jeunes filles, dans de nombreux couvents et écoles ménagères, une instruction de niveau secondaire et postsecondaire. Au Québec, au début des années 1960, six religieuses sur dix œuvraient dans le domaine de l'éducation. L'épiscopat de la province avait alors, et ce, depuis plus d'un siècle, un droit de regard sur le contenu de l'enseignement. Chaque classe était ornée d'un grand crucifix et la journée commençait par la prière...

uivant des croyances généralement admises et renforcées par l'Église, les femmes sont les mieux placées pour s'occuper de l'instruction des jeunes enfants. L'originalité et la force de caractère ne sont pas reconnues comme des qualités, autant parmi les élèves que parmi le personnel enseignant. Néanmoins, de nombreuses religieuses démontrent de réels talents de pédagogues et on leur laisse une grande latitude pour s'acquitter de leur tâche.

École du village de Saint-Michel de Yamaska. ACSASV.

Jardin d'enfants (école primaire) du centre Sainte-Brigide, à Montréal. AINDBC.

Une classe attentive de l'école Christ-Roi, à Montréal, en 1958. ACSASV.

omme il en coûte moins cher aux paroisses et aux municipalités de retenir les services de communautés que de financer une école laïque, les premières se sont inévitablement multipliées à travers la province. Entre 1867 et 1895, six communautés enseignantes sont fondées, principalement pour desservir les nouveaux territoires de colonisation. La plupart du temps, les revenus générés par la tenue d'un pensionnat pour jeunes filles servent à financer une école publique desservant le voisinage.

Récréation dans le quartier Ahuntsic, à Montréal. AINDBC.

CI-DESSUS

Petite réunion à l'école Saint-Thomas,
région de Montmagny. ACND.

CI-CONTRE

L'école Saint-Charles au début
du 20e siècle. ACND.

Dans des régions ou des pays où les ressources professionnelles et les moyens financiers manquent, l'arrivée de communautés religieuses enseignantes est généralement vue comme une véritable bénédiction. Dans certains cas cependant, comme celui de l'éducation forcée de jeunes Amérindiens, les communautés sont les courroies de transmission des préjugés enracinés dans leur société, où la civilisation occidentale et la foi catholique sont jugées supérieures aux cultures plus «primitives».

Pensionnat d'Onion Lake, en Saskatchewan, en 1891. ACSASV.

Jardin d'enfants à Guimaraẽs. Brésill. SASV.

Classe de niveau secondaire à Slocan City, camp de réfugiés japonais en Colombie-Britannique pendant la Seconde Guerre mondiale. ACSASV.

CI-CONTRE

Les internes en récréation au Brésil. ACSASV.

'élaboration des stratégies éducatives a longtemps été contrôlée, au Québec, par une élite masculine qui véhiculait les préjugés répandus à l'époque concernant l'éducation des filles : vouées à la maternité, elles avaient de moindres besoins en instruction que les garçons. Mais les religieuses dirigeant de vastes communautés enseignantes, comptant parmi leur personnel des femmes très éduquées et informées des grands courants de la pensée moderne, ont eu le mérite certain de favoriser, même en catimini, l'avancement de l'instruction féminine.

Les grandes et leur directrice, collège de musique, couvent de Nicolet, 1947. ACSASV.

Le couvent de Sainte-Monique
en 1885. ACSASV.

Les petites et leur directrice,
couvent de Nicolet, 1948.
ACSASV.

Au fil du 20ᵉ siècle, l'offre en matière d'éducation se diversifie énormément. En plus des traditionnels couvents proposant le plus haut degré d'instruction alors possible pour une demoiselle, les communautés mettent sur pied des instituts d'enseignement ménager, des programmes d'enseignement professionnel et des cours techniques, des écoles d'infirmières et des écoles normales d'institutrices, et même des collèges classiques féminins permettant dorénavant l'accès à l'université pour les femmes.

Étudiantes au travail au pensionnat de Nicolet. ACSASV.

Les communautés religieuses sont riches d'une très longue tradition en matière d'enseignement des disciplines artistiques. Les beaux-arts sont en général fortement encouragés, mais le grand succès des religieuses enseignantes, le domaine dans lequel elles ont acquis une juste renommée, reste la formation musicale.

Enseignement de la musique à La Tuque. ACSASV.

Cours au collège de musique de Nicolet. ACSASV.

Séance de peinture au couvent
de Nicolet, 1944. ACSASV.

Sans se laisser décourager par les difficultés, les religieuses ont réussi à enseigner à des populations d'enfants pour lesquels fréquenter l'école représentait un véritable défi. Elles ont fait la classe dans les orphelinats et dans les hôpitaux ; au sein de leurs divers établissements regroupant des enfants handicapés, elles ont tenté de mettre sur pied de véritables programmes scolaires.

Bazar à l'Institut des sourdes-muettes, 1887. ASP.

CI-DESSUS

Classe d'enfants infirmes,
hôpital de Cartierville.
ASP.

CI-CONTRE

Hôpital des Incurables,
dans le quartier
Notre-Dame-de-Grâce,
à Montréal. ASP.

LE CŒUR SUR LA MAIN

Pendant longtemps, les services de soutien aux démunis ont été pris en charge par la charité privée, c'est-à-dire par des groupes d'individus se dévouant bénévolement pour leur prochain. Dans ce domaine, l'intervention de l'Église a entraîné la fondation de nombreuses communautés qui ont fait des soins aux pauvres leur principale raison d'exister. Pour répondre aux besoins d'une population urbaine en pleine expansion, des dames laïques ont fondé au milieu du 19e siècle plusieurs sociétés charitables que les évêques ont ensuite fortement incitées à se transformer en communautés religieuses.

La pauvreté se cache souvent derrière des portes closes et les religieuses assurent de nombreux services de première nécessité. Dès l'apparition des villes, au 19ᵉ siècle, les services d'urgence de première ligne sont pris en charge par des groupes de femmes, religieuses et dames de charité, qui n'hésitent pas à frapper aux portes des logements pour offrir une aide que les gens, trop fiers, se refusent souvent à demander.

Entrevue au service social d'une communauté, 1963. AINDBC.

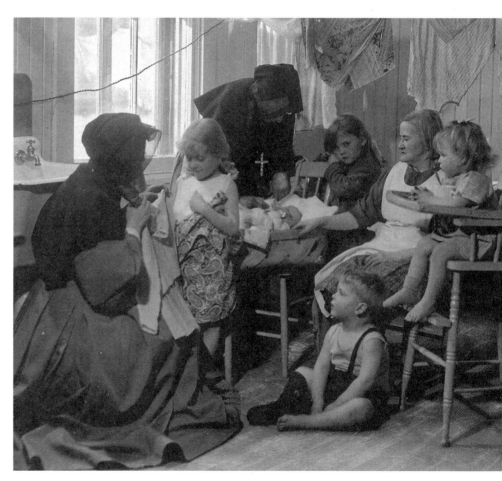

La visite d'une famille pauvre. ASGM.

Une religieuse et une laïque
en milieu défavorisé. AINDBC.

Pour prendre soin des démunis laissés à leur sort, les religieuses se transforment souvent en quêteuses, sonnant aux portes des demeures des quartiers les plus riches, n'hésitant pas, même, à interrompre une réception ou un bal. Le produit de leurs quêtes sert à procurer des biens ou des services de première nécessité aux indigents.

Sœurs quêteuses de l'asile de la Providence, 1900. ASP.

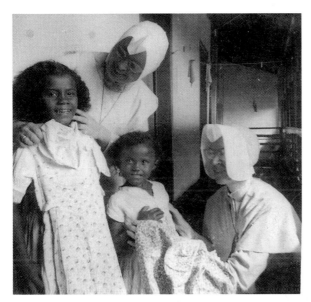

Distribution de vêtements à des fillettes
brésiliennes. ASGM.

Repas passés à travers le vasistas pour le bénéfice des
chômeurs, 1949. ASP.

Distribution de vêtements
à Montréal. ASP.

Certains groupes sociaux sont particulièrement vulnérables à la pauvreté. Les enfants de familles en difficulté peuvent avoir besoin d'un foyer substitut et les religieuses les recueillent parfois dans un état de dénuement total. De même, les familles immigrantes qui débarquent à Montréal sans soutien et sans le sou ont rapidement attiré l'attention de certaines communautés, qui se sont empressées de leur porter secours.

Accueil d'une famille immigrante à la gare Windsor, Montréal. AINDBC.

Quatre frères et sœurs, accueillis et vêtus de pied en cap par les religieuses d'une mission ontarienne. ACSASV.

Jeunes enfants pris en charge par une religieuse, pour être ensuite placés en foyer nourricier. AINDBC.

Les visites à domicile par les religieuses, qui permettaient un repérage de l'aide à apporter, constituent pour beaucoup de familles le contact initial avec la communauté. En plus de leur fournir une aide ponctuelle en nourriture, vêtements ou soins à domicile, les religieuses tâchent de les orienter vers d'autres services moins urgents mais tout aussi nécessaires, tels que l'instruction.

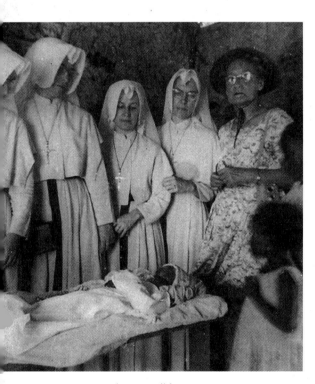

Une porte sert de cercueil à cet enfant brésilien exposé et, selon l'usage, convenablement chaussé, 1958. ASGM.

Groupe de Cubains. AINDBC.

À Guimaraẽs, au Brésil. ACSASV.

Les personnes âgées, souvent pauvres et délaissées, ont été dès les débuts de la colonie française en Amérique recueillies par les communautés religieuses, puis peu à peu regroupées dans des établissements séparés, des hospices. Malgré un manque flagrant de moyens financiers et un très maigre appui de l'État, les communautés ont réussi le tour de force d'offrir une fin d'existence décente à d'innombrables laissés-pour-compte.

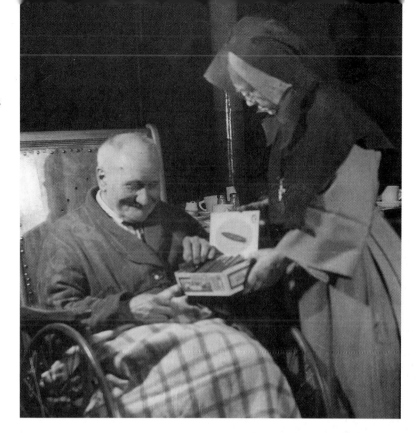

PAGE PRÉCÉDENTE
Personnel et bénéficiaires
de l'hospice Gamelin,
1894. ASP.

CI-CONTRE
Foyer Saint-Matthieu.
ASGM.

CI-DESSOUS
Foyer Father Dowd.
ASGM.

Victimes de difficultés économiques et d'une morale religieuse contraignante, de nombreuses Canadiennes françaises, principalement des filles-mères, doivent abandonner leurs nouveaux-nés aux portes des communautés. Pendant des siècles, ces dernières ont recueilli dans leurs établissements d'innombrables abandonnés, leur consacrant, à partir du 19e siècle, des crèches et des orphelinats.

Crèche de Liesse. L'heure du repas. ASGM.

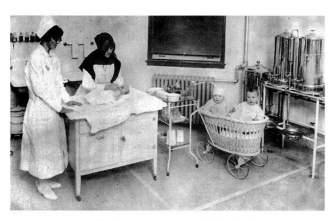

Salle de pansements, Crèche de Liesse. ASGM.

Religieuses et orphelins d'un hôpital du Nigéria, 1966. ASGM.

CI-CONTRE

Poupons sous les rayons ultraviolets à la Crèche d'Youville. ASGM.

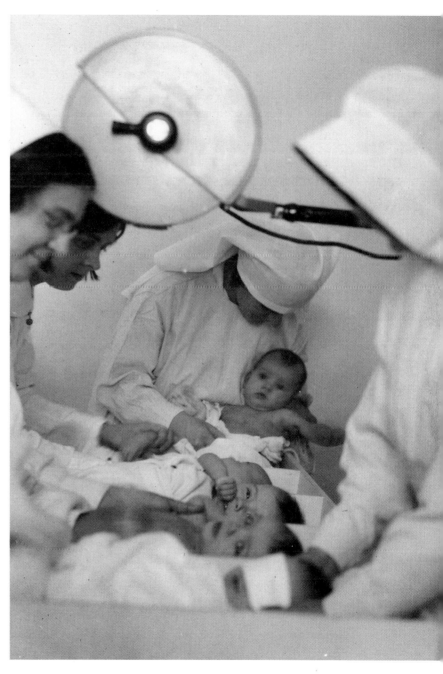

épassées par la demande de places d'accueil, les religieuses prennent soin des enfants à leur charge selon les coutumes de l'époque, mais surtout dans la mesure de leurs moyens. La tâche s'est avérée gigantesque. Les religieuses ont non seulement été les victimes d'un État distribuant l'argent avec parcimonie et selon des critères arbitraires, mais également d'une société faisant preuve d'une affligeante indifférence pour le sort des enfants abandonnés.

Fillettes de la Salle Ste-Praxède de l'hôpital Saint-Jean-de-Dieu, 1946. ASP.

Au secrétariat de l'asile de la Providence. ASP.

Soigner par idéal de charité

Ce sont des communautés religieuses féminines, soit détachées de la maison mère française, soit fondées en Amérique par des femmes entreprenantes, qui ont ouvert les premiers hôpitaux de la Nouvelle-France et qui, en milieu francophone, sont devenues d'incontestables chefs de file des soins de santé. Pendant trois cents ans, avec une persévérance remarquable, elles se sont illustrées comme gestionnaires de complexes hospitaliers de plus en plus vastes et diversifiés. De même, sans véritable aide financière de l'État avant le 20e siècle, elles ont soutenu le développement de la médecine hospitalière et l'avancement professionnel des femmes dans ce domaine.

Les hôpitaux fondés depuis les débuts de la colonie française en Amérique par quatre communautés religieuses abritent au départ tous les indigents : malades et vieillards, orphelins et aliénés. Ces clientèles spécifiques sont progressivement déménagées dans des établissements qui leur sont propres, et les hôpitaux, à la fin du 19ᵉ siècle, n'abritent plus que des malades. Les religieuses fondent alors de nombreuses œuvres spécialisées, des maternités aux sanatoriums, des cliniques aux hôpitaux pour malades chroniques.

Les patients de l'hôpital Saint-Jean-de-Dieu, qui deviendra dans les années 1930 le plus grand hôpital psychiatrique au monde. ASP.

Dispensaire de l'hôpital du Sacré-Cœur de Hull, 1946. ASP.

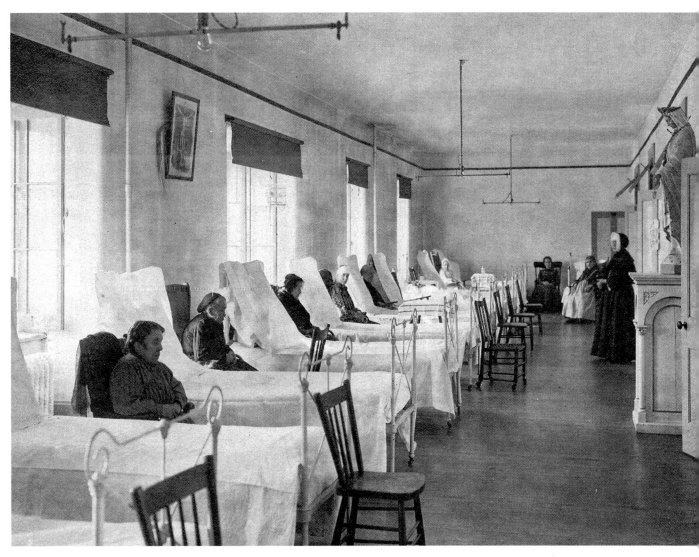

Hôpital des Incurables, quartier Notre-Dame-de-Grâce, Montréal, 1899. ASP.

Fortes de leur proximité quotidienne avec les malades, les religieuses deviennent peu à peu des professionnelles de la santé, au même titre que les médecins et les chirurgiens, fort rares dans la colonie jusqu'au 19ᵉ siècle. Pendant le siècle qui suit, les religieuses sont omniprésentes, à tous les échelons de l'administration et dans toutes les fonctions médicales. Mais dès lors, à mesure que l'effectif médical masculin prend de l'ampleur et de l'assurance, le rôle des religieuses s'amenuise progressivement.

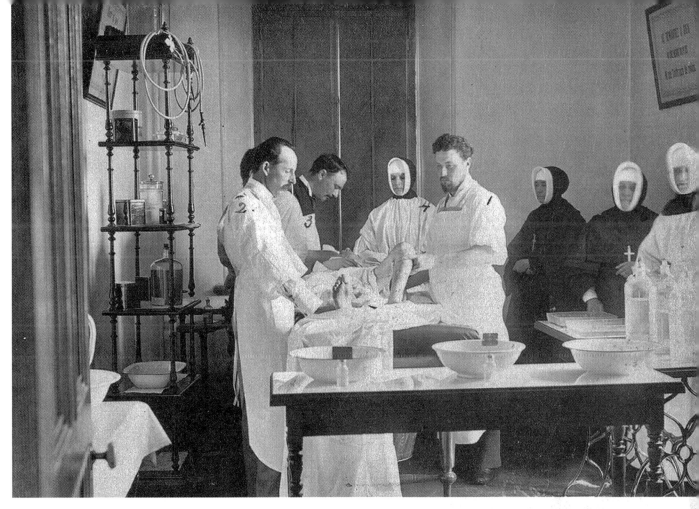

CI-DESSUS
Première opération, hôpital Saint-Joseph, Trois-Rivières. ASP.

CI-CONTRE
Pouponnière de l'hôpital Sainte-Croix, Drummondville, 1944. ASGM.

PAGE PRÉCÉDENTE
Petits hospitalisés, hôpital des Incurables, quartier Notre-Dame-de-Grâce, Montréal. ASP.

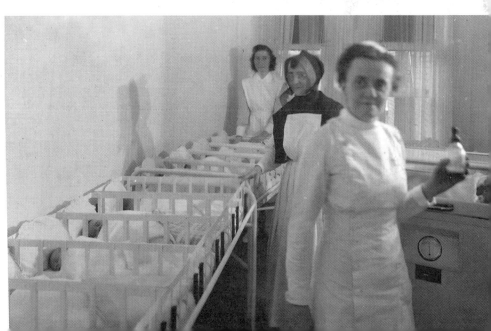

Grâce aux communautés religieuses, les villes importantes de la province se dotent rapidement d'un hôpital. Pendant la seconde moitié du 19e siècle, tandis que l'hôpital devient le lieu de prédilection des médecins et des chirurgiens pour une foule d'interventions médicales, le nombre d'œuvres hospitalières double au pays, prenant racine jusque dans les lointaines régions de colonisation de la province. Entre 1639 et 1962, plus de trente communautés ont œuvré dans le domaine de la santé au Québec.

Hôpital Saint-Eusèbe, Joliette. ASP.

Hôpital Sainte-Croix, Drummondville, 1949. ASGM.

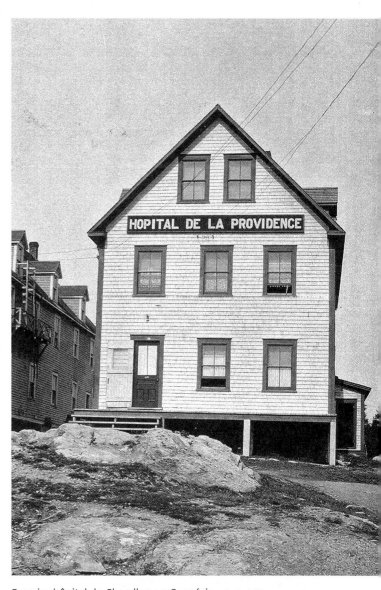

HOPITAL DE LA PROVIDENCE

Premier hôpital de Chandler, en Gaspésie, 1917. ASP.

À la fois innovatrices et éducatrices, ainsi qu'en témoignent leurs nombreux dispensaires, instituts de recherche et écoles d'infirmières, les religieuses occupent de nombreuses fonctions à l'intérieur même de l'hôpital. Dès les débuts de la colonie, elles sont pharmaciennes et sages-femmes puis, à mesure que les besoins se multiplient, techniciennes de laboratoire, assistantes dentaires… et surtout infirmières, une profession que les religieuses ont portée à un haut degré de professionnalisme.

Bureau de l'opticien de la maison mère. ASGM.

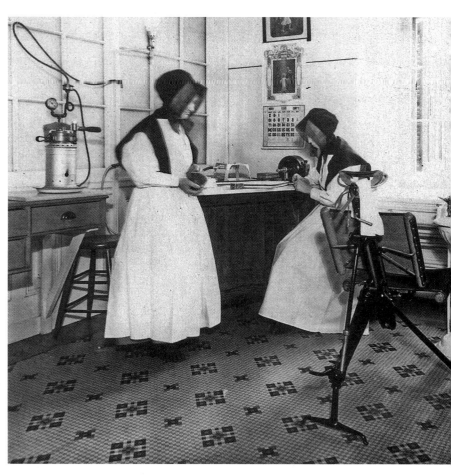

Dentisterie à la maison mère. ASGM.

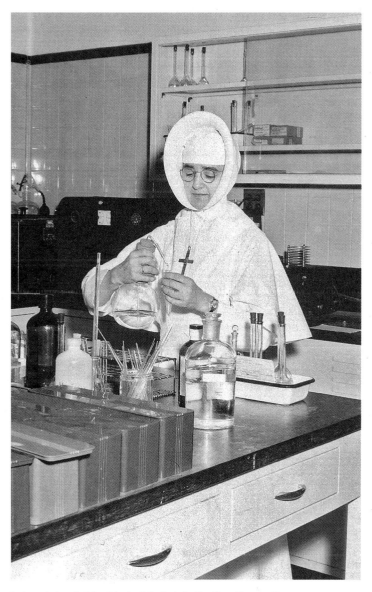

Laboratoire de biochimie, hôpital de Cartierville, 1958. ASP.

Pathologie, hôpital de Cartierville. ASP.

La collectivité paroissiale

Entité géographique de taille modeste, lieu par excellence de la vie communautaire, les paroisses ont souvent servi de cadre à l'organisation d'une foule d'activités mises en œuvre par les communautés religieuses. En donnant aux familles moins fortunées l'accès aux camps de jour et de vacances, à des bibliothèques et à des cercles d'étude, les religieuses leur ont ouvert de vastes horizons culturels. Les enfants et les femmes, en particulier, ont abondamment profité des possibilités qui leur étaient ainsi offertes.

haque été, beau temps mauvais temps, des milliers d'enfants de la province profitent de l'air de la campagne en fréquentant les camps de vacances mis sur pied par des communautés religieuses. Les animatrices sont motivées par le désir d'offrir aux enfants de la ville de beaux moments de détente et de liberté, et aux mères de famille de précieux moments de répit…

Camp Beauharnois. AINDBC.

Camp Françoise-Cabrini,
1956. AINDBC.

Camp Belle-Plage,
Vaudreuil. AINDBC.

Pour accueillir les nombreuses femmes qui viennent en ville se chercher du travail, quelques communautés, dès la fin du 19ᵉ siècle, ouvrent des foyers d'accueil, non seulement pour leur offrir un lieu plus sécuritaire mais également pour les tirer de l'isolement dont elles souffrent souvent. Les jeunes travailleuses y louent une chambre en plus d'avoir la jouissance de plusieurs espaces communs.

Foyer Saint-Nom-de-Marie, Montréal, 1959. AINDBC.

Étudiantes et ouvrières d'un foyer de Saint-Jérôme. AINDBC.

Accueil d'une future pensionnaire au Foyer Saint-Jean, à Montréal. AINDBC.

Centre social, patronage, cercle d'études, bibliothèque, école d'action sociale : diverses appellations pour une même mission, celle d'offrir un lieu pour créer des liens tout en s'instruisant. Ce mouvement s'inscrit dans une dynamique globale de modernisation de l'effort apostolique, auquel participent quelques communautés dirigées par des femmes d'avant-garde.

CI-DESSUS À GAUCHE

Excursion des membres du Centre social de Saint-Hyacinthe. AINDBC.

CI-DESSUS À DROITE

Le cercle d'études Saint-Louis-de-Gonzague, 1929. AINDBC.

CI-CONTRE

Cours de couture au Patronage, Montréal, 1929. AINDBC.

Bibliothèque paroissiale de Saint-Jérôme, 1945. AINDBC.

Humbles servantes du clergé

Dans une société où les tâches ménagères incombaient aux femmes, il était inévitable que les membres du clergé séculier et certaines communautés masculines fassent appel à l'industrie féminine pour répondre à leurs besoins. Au Québec, quelques communautés ont été expressément fondées dans ce but. En se mettant au service des prêtres et des évêques, ces religieuses n'avaient pas moins que les autres la conviction de consacrer leurs talents au service de Dieu.

L'entretien de la lingerie d'église, exigeant minutie et délicatesse, est depuis longtemps confié à des femmes, domestiques, dames patronnesses et religieuses. La confection des habits ecclésiastiques, leur entretien et leur disposition dans la sacristie avant la messe ou la cérémonie, sont parmi les multiples tâches préparatoires aux offices.

Repassage à la sacristie de Pierrefonds. PFSJ.

Confection des habits au couvent de Notre-Dame-de-Lourdes, 1950. PFSJ.

Préparation des habits avant la cérémonie religieuse. PFSJ.

La préparation de tout ce qui entoure la célébration de la messe est souvent assumée par les religieuses. Qu'il s'agisse de mettre en place les objets ou les vêtements dans la sacristie et sur l'autel, ou de décorer une église pour le temps pascal, les communautés dévouées au service du clergé apportent à ces tâches tout le soin respectueux auquel on peut s'attendre de leur part.

Autel de la basilique Notre-Dame de Montréal, 1953. PFSJ.

Église décorée
pour Pâques,
1952. PFSJ.

Sacristie de la basilique
Notre-Dame de Montréal,
1950. PFSJ.

Restreints dans leurs contacts avec les femmes laïques, les prêtres font appel à certaines communautés pour s'occuper du travail domestique dans les presbytères et les séminaires.

CI-DESSUS

L'organisation et la préparation des repas dans les séminaires mobilisent un personnel féminin nombreux, 1955. PFSJ.

CI-CONTRE

Réfectoire des pères du Séminaire de Fukuoka, au Japon. PFSJ.

PAGE PRÉCÉDENTE

Réfectoire du Grand Séminaire de Montréal. PFSJ.

LISTE DES SIGLES

ACND · Archives de la Congrégation de Notre-Dame

ACSASV · Archives centrales des Sœurs de l'Assomption de la Sainte-Vierge

AINDBC · Archives de l'Institut Notre-Dame du Bon-Conseil de Montréal

ANQM · Archives nationales du Québec à Montréal

APS · Adoratrices du Précieux-Sang

ASGM · Archives des Sœurs Grises de Montréal

ASNJM · Archives des Sœurs des Saints-Noms de Jésus et de Marie

ASP · Archives des Sœurs de la Providence

AVM · Archives de la Ville de Montréal

PFSJ · Petites Filles de Saint-Joseph

Remerciements

La réalisation d'un tel ouvrage aurait été impossible sans un intérêt soutenu de la part de plusieurs communautés religieuses. Nous tenons à remercier sincèrement, pour leur collaboration à la recherche et à la numérisation, les personnes suivantes : sœur Raymonde Sylvain, sœur Marguerite L'Écuyer et Josée Sarrasin (Congrégation de Notre-Dame), Isabelle Périgny et sœur Rose-Aimée Richard (Sœurs de l'Assomption de la Sainte-Vierge) sœur Marcienne Proulx (Institut Notre-Dame du Bon-Conseil de Montréal), sœur Micheline Proulx (Adoratrices du Précieux-Sang), Hélène Leblond et sœur Jacqueline Saint-Yves (Sœurs Grises de Montréal), Marie-Claude Béland et sœur Claudette Chénier (Sœurs de la Providence), et sœur Antonia Lacoste (Petites Filles de Saint-Joseph).

Puisque j'évoque, dans ce livre, une réalité que je n'ai pas personnellement connue, j'ai profité de «l'expertise» de deux femmes dont les commentaires me furent précieux : Monique Fleury et sœur Marcienne Proulx.
Je les remercie énormément de leur intérêt sincère pour mon travail.

Crédit photographiques

Archives centrales des Sœurs de l'Assomption de la Sainte-Vierge

p. 13 ; p. 20(b) : FM-125; p. 35(b) ; p. 38(a): FM-125; p. 38(b): FM-101; p. 51(b): FM 005; p. 61(a): FM-005; p. 90(a); p. 90(b): FM-016; p. 92(a): FM 045; p. 95(a): FM 152; p. 100: FM-005; p. 101: FM-005; p. 105(a): FM-101; p. 107(a): FM-073; p. 107(b): FM-067; p. 108(a), p. 112. FM-024, p. 113(a): FM-024; p. 114: FM-149; p. 115(b): FM-125; p. 126(a): FM-010; p. 127: FM-078; p. 130: FM-018; p. 131(a); p. 131(b): FM-149; p. 131(c); p. 132: FM-005; p. 133(a): FM-009; p. 133(b): FM-005; p. 134: FM-005; p. 136: FM-043; p. 137: FM-005; p. 138-139: FM-005; p. 149(a): FM-118; p. 151: FM-149.

Archives de la Congrégation de Notre-Dame

p. 39; p. 43(a); p. 66(b); p. 73(b): 310.300.91; p. 75; p. 91: 309.360.28; p. 128: 312.510.52; p. 129: 301.190.21; p. 135(c).

Archives de la Ville de Montréal

Fonds Edgar Gariépy: p. 53: G-2676.

Archives de l'Institut Notre-Dame du Bon-Conseil de Montréal

p. 20(a); p. 31(a); p. 43(b); p. 66(a); p. 78(b); p. 80(a); p. 83(a); p. 85(c); p. 94; p. 95(b): FM 152; p. 115(a); p. 126(b); p. 135(b); p. 144(a); p. 145; p. 148; p. 149(b); p. 150(b); p. 170; p. 171(a); p. 171(b); p. 172(a); p. 172(b); p. 173; p. 174(a); p. 174(b); p. 174(c); p. 176.

Archives des Petites Filles de Saint-Joseph

p. 10; p. 23; p. 24(a); p. 32; p. 33(b); p. 55; p. 65; p. 67; p. 68; p. 69(a); p. 70; p. 79; p. 81; p. 104; p. 116; p. 118-119; p. 178(a); p. 178(b); p. 179; p. 180; p. 181; p. 182-183; p. 184; p. 185(a); p. 185(b).

Archives des Sœurs adoratrices du Précieux-Sang

Couverture; p. 11; p. 24(b); p. 25; p. 26; p. 27: M95.k2.3(229)AG ka5.2; p. 33(a); p. 34, p. 35(a); p. 40(a), p. 40(b), p. 41; p. 44(a), p. 44(b), p. 45, p. 46; p. 50; p. 54(b); p. 56; p. 57(a); p. 58; p. 60; p. 61(b); p. 69(b); p. 72; p. 73(c); p. 78(a); p. 80(b); p. 82; p. 93; p. 96; p. 97; p. 98, p. 99(a), p. 99(b), p. 100(b); p. 109; p. 117.

Archives des Sœurs de la Providence

p. 47(a): Auteur inconnu. M46.38(109)-AG-Ka2.1. Hôpital St-Jean-de-Dieu, S. Sabithe, supérieure à son bureau. 1909; p. 47(c): Auteur inconnu. M123.38(28)-AG-Ka4.1. Le conseil local de l'Hôpital du Sacré-Cœur de Hull: S. Hermine, supérieure, S. Marie-Juliana, assistante, S. Thomas du Sauveur, conseillère. 8 mars 1946; p. 71: Auteur inconnu. M1B.38(55)- AG-Ka2.9. Réfectoire des Sœurs de la Maison mère rue Fullum. 6 février 1962; p. 83(b): Auteur inconnu. M74.38(50)-AG-Ka2.5. Hôpital St-Joseph du Précieux Sang, Rivière-du-Loup. Le patinage d'hiver: de gauche à droite: 1- S. Aline de la Croix; 2- S. Georges-Marcel; 3- S. Jean-Paul; 4- S. Benoît de Jésus; 5- S. Louis-Arthur; 6- S. Rollande de Jésus; 7- S. Eugène du Sauveur; 8- S. Paul de Rome; 9- S. Évangéline-Marie; 10- S. Laure-Agnès; 11- 6; 12- S. Arthur-Émilien; 13- S. Jeanne-Laura. Hiver 1959-1960; p. 106: Auteur inconnu. M74.38(2)-AG-Ka2.5. Hôpital St-Joseph-du-Précieux-Sang, Rivière-du-Loup(Fraserville). La maison et le personnel religieux, les vieillards des deux sexes en plus des hospitalisés à l'intérieur. 1889(?); p. 135(a): Auteur inconnu. M58.K2.3(01)-AG-Ka2.3. Providence du Sacré-Cœur, St-André d'Argenteuil. Le personnel et les élèves de la maison. Les cinq religieuses sont: S. Marie-Élie, maîtresse de français, S. L'Ange Gardien, visitatrice des pauvres, S. Canisius, supérieure, S. Norbert, cuisinière et S. Aldéric, maîtresse d'anglais. Juin 1890; p. 140: Auteur inconnu. M10.38(04)-AG-Ka 1.2. Institution des Sourdes-Muettes, Montréal. Lors d'un bazar(extérieur). 1887; p. 141(a): Auteur inconnu. M95. K2.3(129)-AG-Ka5.2. Hôpital des Incurables, Montréal. Dans la salle de musique, quelques garçons avec leur professeur à une leçon d'écriture [sans date]; p. 141(b): Auteur inconnu. M95. K2.3(14)-AG-Ka5.1. Hôpital des Incurables, Montréal. Une classe d'enfants infirmes hospitalisés. S. Louise-Gabrielle, professeur. 1926; p. 146: Auteur inconnu. M1B38(71)-AG-Ka2.9. Maison mère des Sœurs de la Providence, Montréal. Les quêteuses de l'Asile de la Providence. Les Sœurs Marie-du-Sacré-Cœur, Jérôme-Émilien, Euphrasie-de-la-Providence et Fébronie-du-Précieux-Sang. 1900; p. 147(b): Auteur inconnu. M86.K.2(93)-AG-Ka3.2. Providence Ste-Élisabeth, Montréal. S. Marie-Athanase et Mlle Antoinette Fournier allant distribuer des vêtements aux familles pauvres [sans date]; p. 147(c): Auteur inconnu. M86.K2.3(92)-AG-Ka2.8. Providence Ste-Élisabeth, Montréal. Distribution de lunches aux chômeurs. M. Duhaime, M. Labelle, M. Boisclair et M. Mainville. 1949; p. 152: Auteur inconnu. M91.K2.3(01)-AG-Ka3.4. Six sœurs coadjutrices dont l'une est S. Gallant avec un groupe de vieillards. 1894(?); p. 156: Auteur inconnu. M46.K2.3(189)-AG-Ka2.1. Hôpital St-Jean-de-Dieu. S. Aldegonde, S. Rose-Yvonne et une sœur non identifiée à la salle Ste-Praxède avec les plus jeunes patientes du service. 1946; p. 157: Auteur inconnu. M2.38(4S)-AG-Ka1.1. Deux sœurs dans un bureau de l'Asile de la Providence. [sans date]; p. 160(a): Auteur inconnu. M46.K2.3(176)-AG-K2.1. Hôpital St-Jean-de-Dieu. Groupe de patients avec leurs hospitalières à l'extérieur. [sans date]; p. 160(b): Auteur inconnu. M123.K2.3(36)-AG-Ka4.1. Hôpital du Sacré-Cœur, Hull. Le dispensaire général. De gauche à droite: Dr S. St-Pierre, interne, Dr A. Allard, interne temporaire, patients, S. Camille-Germain, Mlle Chabot, S. Louise-Hermine, technicienne. 8 mars 1946; p. 161: Auteur inconnu. M95.K2.3(118)-AG-Ka5.2. Hôpital des Incurables, Montréal. Des dames à leur infirmerie. 1899; p. 162: Auteur inconnu. Hôpital des Incurables. M95.K2.3(114)-AG-Ka5.2. Salle de traitements à l'heure des pansements. [sans date]; p. 163(a): Auteur inconnu. M34.K2.2(27)-AG-Ka1.8. Hôpital St-Joseph, Trois-Rivières.

La première opération: Dr Normand, chirurgien, Dr Badeau, assistant, Dr Leduc, assistant, Sœur François et Sœur Gaëtan, Mère Marie-Victoire et Mère Stéphanie, 1872; p. 164: Auteur inconnu. M19.38(35)-AG-Ka1.6. Première chapelle et premier hospice Notre-Dame de Bonsecours(Joliette) devenus hôpital St-Eusèbe [sans date]; p. 165(b): Auteur inconnu. M132.38(08)-AG-Ka4.2. Le premier hôpital de Chandler, Gaspésie. 1917; p. 167(a): Auteur inconnu. M95.K2.3(68)-AG-Ka5.2. Hôpital du Sacré-Cœur, Cartierville. S. Lucie-du-Bon-Pasteur au laboratoire de biochimie. 1958; p. 167(b): Auteur inconnu. M95.K2.3(60)-AG-Ka5.1. Hôpital du Sacré-Cœur, Cartierville. Laboratoire de pathologie ou bactériologie. S. Louise-Lucille fait une expérience sur une souris.

Archives des Sœurs des Saints-Noms de Jésus et de Marie

p. 21: photographe anonyme.

Archives des Sœurs Grises de Montréal

p. 12: L025/Y10a; p. 30: L082; p. 31(b): L127/Y6L; p. 36(a): L004a/Y17; p. 36(b): L004a/Y20; p. 37(a): L71/Y1; p. 37(b): L004/Y20; p. 42: L004a/Y13; p. 47(b): L082; p. 51(a): L025/Y23; p. 52: L082/7Y13; p. 59(a): L71/Y1; p. 64: L082/12Y4; p. 73(a): L127; p. 74: L025a/Y22; p. 84: L004a/Y18; p. 85(a): L004a; p. 85(b): L079; p. 86: L004a/Y17; p. 87: L004a/Y17; p. 105(b): L127; p. 110: L018/Y9; p. 111(a): L125; p. 111(b): L025a/Y22; p. 113(b): L082; p. 144(b): L082; p. 147(a): L127; p. 150(a): L127; p. 153(a): L082; p. 153(b): L008; p. 154: L90/Y5B; p. 155(a): L90/Y5C; p. 155(b): L90/Y4A; p. 155(c): L127; p. 163(b): L76/Y8; p. 165(a): L76/Y5; p. 166(a): L082/9Y12; p. 166(b): L082/9Y17.

Bibliothèque et Archives nationales du Québec
Centre de Montréal
Fonds Familles Girouard et Dacier:

p. 22(a): P545,S3,SS2,P28; p. 22(b): P545,S3,SS2,P49; p. 54(a): P545,S3,SS2,P48; p. 57(b): P545,S3,SS2,P46; p. 59(b): P545,S3,SS2,P38; p. 92(b): P545,S3,SS2,P53.

ACHEVÉ D'IMPRIMER EN FÉVRIER 2007
SUR LES PRESSES DE TRANSCONTINENTAL IMPRESSION
DIVISION GAGNÉ, LOUISEVILLE (QUÉBEC)